RECHERCHES

HISTORIQUES.

A ROUEN, DE L'IMPRIMERIE DE J. DUVAL,

RUE AUX JUIFS, N° 37.

RECHERCHES
HISTORIQUES
SUR LES
DEUX DERNIÈRES RACES
ET SUR LA
MAISON DE BOURBON.

PAR M. PERRIN,

CONSEILLER EN LA COUR ROYALE DE ROUEN, ET MEMBRE DE LA SOCIÉTÉ D'ÉMULATION DE LA MÊME VILLE.

A ROUEN,
Chez RENAULT, Libraire, rue Ganterie, nº 40;

A PARIS,
Chez BLAISE, Libraire, quai des Augustins,
Et PELICIER, première cour du Palais-Royal, nº 10.

1814.

AVANT-PROPOS.

Ces *Recherches* n'ont eu d'abord d'autre objet que de me convaincre moi-même, par le fait, qu'un *pouvoir* essentiellement bon ne peut manquer d'avoir une source légitime.

Je les ai communiquées à quelques amis qui, sans doute, par la seule considération du motif, ont cru qu'elles n'étaient pas indignes d'être offertes aux regards du Monarque ; et, graces à son affabilité, j'ai joui du bonheur de lui en faire hommage (1).

(1) Le 20 Septembre 1814.

Aujourd'hui je les rends publiques, uniquement parce que je pense qu'on ne peut trop faire connaître un point historique propre à consacrer encore des droits d'ailleurs incontestables, en découvrant toute la pureté de leur origine.

AU ROI.

Sire,

Il suffit sans doute aux droits de Votre Auguste Race d'une possession de plus de huit cens ans, qui n'offrent qu'un enchaînement presque continuel d'actes de grandeur et de bienfaisance de la part des Monarques, d'obéissance et de fidélité de la part des Peuples.

Mais n'est-ce pas ajouter à la gloire de ces titres et au respect qu'ils inspirent, que de faire voir que l'antique et longue possession dont la France seule offre l'exemple est l'effet d'un titre aussi pur que légitime!

Je n'ai point le mérite de cette découverte, Sire; j'ai seulement tenté de rendre plus évidente, et pour ainsi dire palpable, une vérité déjà démontrée, et je n'y ai ajouté pour ornement que quelques traits héroïques de vos glorieux Ancêtres.

Enfin, Sire, persuadé qu'on ne peut rendre trop familieres les notions sur l'illustre Famille qui nous gouverne, j'ai terminé par le tableau de sa descendance d'un des plus grands et du plus saint des Rois.

Puisse ce faible hommage d'un cœur

vraiment Français contribuer à entretenir l'amour sacré et le respect inaltérable qui, dans les Sujets, comme les vertus dans les Princes, sont le fondement le plus solide des Monarchies!

Je suis avec respect,

Sire,

De Votre Majesté,

Le très-humble, très-obéissant
Serviteur et fidele sujet,

Perrin,

Conseiller en la Cour Royale
de Rouen.

RECHERCHES
HISTORIQUES
SUR LES
DEUX DERNIÈRES RACES
ET SUR LA
MAISON DE BOURBON.

RACE CARLOVINGIENNE,
OU SECONDE RACE.

Sous la seconde race, le titre et les états du Monarque décédé se partageaient entre tous ses enfans *mâles légitimes*, à l'exception de la dignité Impériale, qui, tant qu'elle fut unie à la couronne de France, appartenait exclusivement à l'aîné ou à celui à qui elle avait été déférée par le choix ou la désignation de son père. Il n'y a point d'exemple qu'aucun bâtard ou enfant naturel soit parvenu au trône, sinon par le bienfait du Suzerain ou par voie d'élection : tel était alors l'ordre invariable de succéder (1).

LOUIS I, ou *le Débonnaire*, fils de Charlemagne, fut le seul qui lui succéda à l'empire et dans tous ses états, même au royaume d'Italie, par la mort de Bernard, qui l'avait obtenu de Charlemagne, qui y était rentré à la mort de Pepin, son fils aîné, père naturel de Bernard, tige des Comtes de Vermandois (descendans illégitimes de Charlemagne).

LOTHAIRE, fils aîné du Débonnaire, eut trois fils, Lothaire, Roi de Lorraine, mort en 869, qu'il eut d'une concubine; Charles, Roi de Provence, mort sans enfans en 863, et Louis II, Empereur, mort en 875, qui ne laissa qu'une fille mariée à Boson, Roi d'Arles ou de Provence; de sorte que la postérité légitime de Charlemagne ne forma plus que deux branches, celle de *France* et celle de *Germanie*.

---

(1) Hugues, fils naturel de Charlemagne, n'hérita d'aucune partie de ses états; il en fut ainsi de Hugues, fils bâtard de Lothaire II; d'Arnoul, fils naturel de Carloman, Roi de Bavière, qui n'obtint ce titre que par élection après la mort de Charles-le-Gros, et de Bernard, fils naturel de ce dernier.

BRANCHE DE FRANCE.

Charles II, ou *le Chauve*, troisième fils de Louis-le-Débonnaire et de Judith de Bavière, eut pour successeur au trône de France Louis II, ou le Bègue, le seul qui ait prolongé sa race.

Louis II eut deux femmes, Ansgarde qu'il avait épousée en Bretagne, et qui lui donna Louis et Carloman dans le palais de son père, depuis qu'il était réconcilié avec lui (1). Sa seconde femme fut Adélaïde, qu'il se trouva forcé d'épouser du vivant de la première, que par cette raison le Pape Jean VIII refusa de couronner, et qui à la mort de Louis-le-Bègue, et du vivant d'Ansgarde, se trouva enceinte de Charles III ou IV, dit le Simple.

Alors la France se trouva partagée entre

(1) Voyez les annalistes de Metz, de Saint-Bertin et Reginon sur tous ces faits. Le fait de la naissance de Louis et de Carloman dans le palais de Charles-le-Chauve, leur aïeul, prouve la légitimité du mariage de Louis-le-Bègue avec Ansgarde.......... *Si pater, vestris cognitis nuptiis non contradicit, vereri non debes, ne nepotem suum agnoscet.*

Louis III et Carloman son frère, fils légitimes de Louis-le-Bègue, puis réunie sous Carloman par la mort de Louis III. Ces deux Princes ne laissèrent point d'enfans, et furent par conséquent les derniers descendans légitimes de Charlemagne en France.

BRANCHE DE GERMANIE.

Louis-le-Germanique, second fils de Louis-le-Débonnaire, eut trois fils, Carloman, Roi de Bavière, mort en 880, sans autre descendans qu'Arnoul, sorti d'une concubine; Louis, Roi de Saxe, mort après ses enfans en 882, et Charles-le-Gros, ou le Gras, qui mourut en 888 aussi sans enfans légitimes.

Ce Prince termine la branche de Germanie, et est le dernier de toute la postérité légitime de Charlemagne; aussi fut-il à-la-fois Empereur, Roi d'Italie, de France, et Souverain de tous les états qui appartenaient à sa maison.

Charles-le-Gros était incapable de supporter le poids de tant de couronnes. Lorsque les Normands assiégeaient Paris, il vint avec une armée jusqu'à Montmartre, n'osa les attaquer, et s'en retourna après avoir fait avec eux une paix honteuse : un an avant de mourir, il fut rejeté par l'Allemagne et par la France.

Il n'existait donc plus à l'époque de sa mort (janvier 888) de postérité légitime mâle de l'Empereur Charlemagne ; et si les historiens continuent cette descendance en Germanie jusques dans la personne de Louis IV, et en France jusques dans celle de Louis V, dit le Fainéant, il faut reconnaître que le premier ne descendait de Charlemagne que par Arnoul, fils naturel de Carloman, Roi de Bavière, et neveu de Charles-le-Gros, et que Louis V n'en sortait que par Charles III ou IV, dit le Simple, son bisaïeul, qui était fils illégitime de Louis-le-Bègue et d'Adélaïde, ce qui excluait l'un et l'autre de ces Princes du droit de succession au trône.

ROIS DE FRANCE

ÉLUS DANS DIFFÉRENTES MAISONS.

En 887, après la déchéance et du vivant même de Charles-le-Gros, les Allemands comme les Français lui donnèrent un successeur. Celui qui fut élu en France à sa place fut EUDES, Comte de Paris, fils de Robert-le-Fort, à qui Foulques, Archevêque de Reims, donna pour compétiteur, d'abord Guy, Duc de Spolette, son parent, et ensuite Charles III ou IV, dit le Simple, ce fils posthume et illégitime de Louis-le-Bègue et d'Adélaïde.

Il y avait déjà six ans qu'Eudes régnait, et cinq que Charles-le-Gros n'existait plus, quand CHARLES III ou IV (1) fut reconnu Roi par quel-

(1) Ce Prince est le quatrième du nom de Charles, si on met Charles-le-Gros, ou le Gras, au nombre des Rois de France.

Odone rege in Aquitania commorante francorum prin-

ques Seigneurs Français, à la tête desquels se trouvait Foulques, Archevêque de Reims.

En 896, il se fit un traité par lequel les deux concurrens partagèrent la monarchie, ainsi que le titre de Roi.

Eudes mourut en 898; son fils Arnoul lui survécut peu, et ne lui succéda pas.

Charles-le-Simple régna seul jusqu'en 922, que Robert, Duc de France, frère du Roi Eudes, fut élu et couronné; Robert périt dans une bataille, près Soissons, en 923, et fut remplacé par Raoul, ou Rodolphe, Duc de Bourgogne,

---

cipes ex per maxima parte ab eo deficiunt, et agentibus Folcone archiepiscopo, Heriberto, et Pipino comitibus in Remorum civitate Carolus filius Ludovici ex Adelheide, ut suprà meminimus, natus, in regno elevatur.

Albericus anno 894.

Louis-le-Bègue, en mourant, désigne pour son seul successeur Louis, aîné des deux fils qu'il avait eus d'Ansgarde.

A la mort de Louis et de Carloman, c'est Charles-le-Gros de la branche de Germanie qui leur succède, ce qui n'aurait pas arrivé si le fils d'Adélaïde eût été légitime.

Enfin, après Charles-le-Gros, *comme il n'y avait plus d'héritier légitime de ses états* (dit l'annaliste de Metz), *ils furent divisés en plusieurs parties*, et les peuples se *choisirent chacun pour maître un Seigneur de ces royaumes*. C'est dans ces circonstances que le choix de la nation Française se porte d'abord sur Eudes, Comte de Paris.

son gendre, qui mourut en 936 sans laisser d'enfans mâles.

Charles-le-Simple, entièrement détrôné en 923, fugitif et prisonnier, meurt enfermé à Péronne, le 7 octobre 929, laissant un fils nommé Louis, âgé de neuf ans, qui se réfugia avec sa mère en Angleterre.

Raoul, ou *Rodolphe*, régna seul jusqu'en janvier 936, époque de sa mort. (1)

Après cinq mois d'interrègne, les grands donnèrent à Raoul pour successeur le fils de Charles-le-Simple, Louis IV, surnommé d'*Outre-Mer* à cause de son séjour en Angleterre.

Louis IV mourut en 954, et laissa deux enfans, Lothaire qui succéda seul, et Charles qui ne partagea point avec son frère.

Ce fut par élection, comme son père et son aïeul, que Lothaire parvint au trône, et il le dut à l'influence de Hugues-le-Blanc, ou le Grand, fils du Roi Robert, à qui, par reconnaissance, il conféra les duchés de Bourgogne et d'Aquitaine.

---

(1) Il avait épousé la tante de Hugues Capet, Emme, sœur de Hugues-le-Grand.

Lothaire mourut en 986, et eut pour successeur son fils, Louis V, appelé improprement *le Fainéant*, qu'il s'était associé au trône; il s'y maintint par le secours de Hugues Capet, qui fut son protecteur, et mourut à l'âge de vingt ans, sans enfans, dans la deuxième année de son règne.

C'est jusqu'à ce Prince que les historiens prolongent la race Carlovingienne. Dans ce cas, son successeur de droit aurait été Charles, son oncle, qui n'avait point partagé avec Lothaire, et qui alors était Duc de la Basse-Lorraine, et comme tel *feudataire* de l'Empereur Othon; le droit de Charles aurait même passé à son fils Charles, mort sans postérité en 1007; mais cela suppose la légitimité des descendans de Louis-le-Bègue, ou le droit de succéder dans les illégitimes, et le contraire résulte de ce qui vient d'être rapporté, et se trouve encore clairement établi par la dissertation de M. Bullet, Professeur et Doyen de l'Université de Besançon, publiée en 1771.

TROISIÈME RACE,

DITE CAPÉTIENNE.

Il y avait donc près d'un siècle que le sang légitime de Charlemagne était tari, et que la nation usait du droit de choisir ses Rois dans différentes familles et d'appeler par ce moyen sur le trône des Princes qui en étaient écartés par l'illégimité de leur naissance, lorsque les grands du royaume, assemblés à Noyon en 987, déférèrent la couronne de France au chef de la troisième race.

Hugues était son nom, *Capet* son surnom. Sans se livrer sur l'origine de sa Maison à des conjectures qui ne font que prouver combien elle était déjà ancienne et illustre, ne suffit-il pas de dire qu'il était arrière-petit-fils de Robert, dit le Fort, Comte de Blois ou d'Anjou, Duc de France, qu'on appelait *le Machabée* de son siècle, et qui fut tué d'un coup de flèche en attaquant les retranchemens des Normands, près du Mans ; petit-fils d'Eudes, qui, étant Duc de France et Comte de Paris, défendit cette ville avec autant de courage que de succès dans le premier et mémorable siége qu'elle soutint contre les Normands, et qui justifia pleinement son élection au trône en défaisant avec mille chevaux dix-neuf mille de ces barbares dans la forêt de Montfaucon, où il tua de sa propre main un des leurs dont la hache lui fendait la tête sans la bonté de son armure ; petit-neveu du vieux Roi Robert, dont la barbe blanche servait de signe de ralliement aux soldats dans la bataille près de Soissons, où il fut tué ; et fils de Hugues, Comte de Paris et d'Orléans, Duc de France et de Bourgogne, dont tous les surnoms attestent qu'il réunissait tous les avantages, même jusqu'à ceux de la nature ? Prince vraiment grand, puisqu'il sut donner des couronnes qu'il lui était facile de retenir pour lui ! Sa générosité fut imitée par son fils, qui mit le sceptre aux mains de Louis V avant de le porter lui-même.

A des titres aussi glorieux, Huges Capet joignait de grands biens, les comtés de Paris et d'Orléans, les duchés de France et de Bourgogne, les abbayes de Saint-Martin, de Tours, de Saint-Denis et de Saint-Germain-des-Prés, qu'il avait hérités de son père ; il unit les uns au domaine de la couronne alors peu considérable, et remit les autres à l'église. Ainsi son avénement fut marqué par les plus grands bienfaits en faveur du trône et de l'autel.

Brave, puissant, prudent et sage politique, il profita de ses richesses et de ses alliances, de son génie et de sa valeur, pour entreprendre et réussir, résister et vaincre ; et il fixa invariablement et sans partage l'hérédité du trône de mâle en mâle dans l'aîné de ses descendans.

Qu'il ait usé de tous ces moyens pour obtenir et conserver un sceptre alors électif dont il se sentait digne, et qu'avaient porté trois de ses ancêtres, c'est ce dont on ne disconvient pas ; mais qu'il s'en soit saisi au préjudice des héritiers légitimes, ou par la violence, c'est ce qu'on rejette comme un outrage à sa mémoire, à la vérité, et même à la gloire de l'auguste Maison dont les droits, aujourd'hui si solennellement reconnus, deviennent d'autant plus sacrés qu'ils sont sans reproches !

Les éclaircissemens dans lesquels on vient d'entrer suffisent pour détruire une erreur trop accréditée par des historiens, et cependant démentie par les monumens mêmes qu'ils invoquent. Il ne s'agit donc plus que d'examiner l'imputation de violence ; elle résulte d'une lettre que Duchêne prétend avoir été écrite dans le tems à Diétricht, Evêque de Metz, par le fameux Gerbert, écolâtre de l'église de Reims, dont voici les termes rapportés par M. l'abbé de Vesly :

« Le Duc Hugues a assemblé six cens hommes » d'armes, et sur le bruit de son approchement, » le Parlement, qui se tenait dans le palais de » Compiègne, s'est dissipé le 11 mai ; tout a » pris la fuite, et le Duc Charles, et le Comte » Reinchard, et les Princes de Vermandois.... » et l'Evêque de Laon, Aldaberon, qui a donné » à *Bardas* son neveu en otage, pour l'exécu- » tion de ce que Sigefrid et Godefroy ont pro- » mis. »

Si cette lettre se rapporte à l'année 987, il y a grande apparence, comme le dit M. de Vesly, que ce ne fut point un parlement qui donna la couronne à Hugues Capet, mais qu'il l'obtint de l'heureux concours de la force et de la prudence.

Avant de hasarder cette réflexion, il aurait fallu, comme l'a fait M. Bullet, conférer la date de cette lettre, qui est de 984, avec la date de la mort de Diétricht, ou Thierry,

Evêque de Metz, arrivée le 7 septembre suivant (1), et aussi avec la date de l'avénement de Hugues Capet au trône de France, qui eut lieu à Noyon en 987, et on se serait convaincu que le fait rapporté dans la lettre précède de trois ans l'avénement de Hugues Capet. Ainsi il suffit de préciser les tems et les lieux de ces deux événemens sans liaison pour détruire une erreur qui ne doit son existence qu'à une pure confusion des faits sans rapport.

Il n'est donc pas vrai de dire que Hugues Capet ait employé la violence pour monter sur un trône qui n'avait plus d'héritiers légitimes, et auquel l'appelèrent librement, et comme ils en avaient le droit, les représentans de la nation, ainsi que l'attestent les monumens historiques les plus proches de ce tems (2).

---

(1) Collect. t. 9, page 276.

(2) Mortuis igitur Lothario ac Ludovico regibus totius Franciæ regni dispositio incubuit Hugoni Parisiensis ducis filio, videlicet illius magni Hugonis supra memorati, cujus etiam frater erat nobilissimus burgundiæ dux Henricus qui simul cum totius regni primatibus convenientes predictum Hugonem in regem ungi fecerunt. (*Frag. hist. S. Josse, dans Duchesne*, t. 4, p. 144.)

Franci primates, relicto Carolo ad Hugonem qui du-

BRANCHE ROYALE

DITE DE BOURBON.

Louis IX, ou *S. Louis*, sixième arrière petit-fils de Hugues Capet, et son huitième successeur à la couronne, eut pour sixième fils Robert de France, qui succéda aux biens et au nom de Bourbon par Béatrix de Bourgogne, fille de Jean de Bourgogne et d'Agnès dame de Bourbon; celle-ci, et Mahaud sa sœur, qui épousa Eudes de Bourgogne, frère de Jean, étaient les dernières de l'ancienne et première famille des Bourbons.

Robert de France eut pour fils aîné Louis I, créé Duc et Pair par le Roi Philippe-le-Bel, à qui il rendit de grands services. C'est à partir de

---

catum Franciæ strenuè tunc gubernabat, magni illius Hugonis filium se conferentes Noviomo civitate solio sublimant regio. (*Chro. de Senone.*)

Anno 987 Ludov. filius Lotharii obiit et ipso anno, V. nonas julii Hugo rex factus est. Franci elegerunt Hugonem Capet. (*Thomas de Loches.*)

Louis I que le nom de Bourbon prévalut dans cette famille. Son troisième fils, JACQUES DE BOURBON I, connétable, blessé à Crécy, prisonnier à Poitiers, mort de blessures reçues à Brignais, fut le premier de la branche Bourbon-la-Marche.

JEAN DE BOURBON-LA-MARCHE I, fils du précédent, eut pour second fils LOUIS DE BOURBON II, Grand-Chambellan et Grand-Maître de France, prisonnier à Azincourt, le premier de la branche Bourbon-Vendôme; c'est de lui que descendent dans l'ordre suivant :

JEAN DE BOURBON II, Comte de Vendôme.

FRANÇOIS DE BOURBON, Comte de Vendôme.

CHARLES DE BOURBON, Duc de Vendôme, Pair de France, aussi utile, aussi fidèle au Roi François Ier, dans la conquête du Milanais, qu'il l'avait été au Roi Louis XII sur le champ de bataille d'Agnadel, où il fut fait chevalier.

ANTOINE DE BOURBON, Duc de Vendôme, Prince de Béarn et Roi de Navarre par Jeanne d'Albret sa femme, blessé en 1562 au siége de Rouen, où il entra par la brèche, porté dans les bras de ses suisses, mort des suites de ses blessures.

Le grand, le vaillant, le bon HENRI IV, huitième arrière petit-fils de Saint-Louis, Roi de Navarre, et devenu Roi de France, en 1589, par l'extinction de la branche de Valois.

LOUIS XIII son fils.

LOUIS XIV son petit-fils.

LOUIS XV, arrière petit-fils de Louis XIV.

LOUIS XVI, petit-fils de Louis XV.

LOUIS XVII.

Et LOUIS XVIII, frère de Louis XVI.

Tout ce qui peut contribuer à rehausser l'éclat de la naissance, à en assurer les droits, à légitimer le pouvoir suprême, semble s'être réuni dans cette famille dont l'origine est aussi illustre que sacrée!

La branche royale, avant d'être telle, offre ainsi que toutes les autres un caractère particulier de *valeur* et de *bonté*, dans une longue suite d'hommes encore plus distingués par l'éminence des vertus que par celle du rang et des dignités. Intrépides à la tête des armées, sages dans les conseils, habiles dans les négociations, fidèles au Prince, protecteurs du peuple, ces généreux Bourbons étaient, avant d'y monter, les soutiens d'un trône dont ils devaient un jour faire l'ornement.

Obligé de conquérir son propre royaume, Henri IV ne cesse d'être le père de ses sujets en devenant leur vainqueur, et le nom de ce bon et valeureux Prince est pour jamais gravé dans le cœur des hommes.

Il n'a manqué au juste et religieux Louis XIII que d'avoir moins de défiance de ses talens et de ses vertus. Il n'eut donc que le défaut de l'excessive modestie.

Le règne de Louis XIV porta la France au plus haut degré de splendeur, et ce fut l'effet du caractère vraiment grand d'un Prince que la nature avait marqué pour être un des maîtres du monde.

Louis XV, qui régla sa conduite militaire et politique avec autant de grandeur que de modération, qui négligeait les succès pour ménager les hommes, et dont le premier mouvement, à l'instant d'une victoire, était d'en gémir et de pourvoir au soin des blessés, acquit et mérita le surnom de *Bien-Aimé*, et il le conservera, car ses paroles, à *Menin* et à *Fontenoy*, ne peuvent tomber dans l'oubli. (1)

C'est en vain que toutes les vertus s'asseyent sur le trône avec l'infortuné Louis XVI ! O jours affreux, que ne pourront effacer des siècles de repentir et de regrets ! Ce prince, si irréprochable dans ses mœurs, cet ami du peuple, qu'il traitait en père, tombe victime de la générosité de ses sentimens, de sa clémence, et ses derniers mots sont des vœux pour la prospérité de ce peuple encore l'objet de sa tendre sollicitude !..... Saint martyr !..... Anges d'innocence et de paix (2), qui avez éprouvé son sort, et qui partagez sa félicité, étendez vos aîles protectrices, et priez ! . . . .
. . . .

Enfin, après vingt-cinq ans d'orages et de désolation, Louis XVIII, injustement et trop long-tems proscrit, consent à réparer nos maux.

---

(1) A *Menin* : « Hé bien ! prenons-la quatre jours plus » tard ; j'aime mieux perdre ces quatre jours devant une » place qu'un seul de mes sujets. »

A *Fontenoy* : « Qu'une victoire coûte cher ! Qu'on ait » soin des français blessés comme de mes enfans ; qu'on » ait même soin des ennemis. »

(2) Sa malheureuse famille.

Son cœur, aussi paternel que celui de Louis XVI, oublie les outrages, ne respire qu'amour et bienfaits, et se trouve secondé, non par la sagesse humaine, souvent fausse et trompeuse, mais par celle que donne le seul auteur de tout bien à qui marche dans ses voies!

Français, voilà nos Rois! Ils ne sont point *étrangers*; il n'en est point de plus dignes de nous commander; et notre bonheur comme notre gloire ne peuvent avoir de garant plus sûr que l'union à jamais indissoluble de la nation avec de tels Monarques!

FIN.

www.ingramcontent.com/pod-product-compliance
Lightning Source LLC
LaVergne TN
LVHW020310230826
846091LV00006B/2626
9782011768148